MARÉCHAL FOCH

LA BATAILLE DE LAON

MARS 1814

AVEC UNE CARTE HORS TEXTE

BERGER-LEVRAULT, ÉDITEURS
NANCY-PARIS-STRASBOURG

LA BATAILLE DE LAON

MARS 1814

OUVRAGES DU MARÉCHAL FOCH

Éloge de Napoléon, *prononcé, le 5 mai 1921, devant le tombeau de l'Empereur.* Plaquette in-16 jésus (192 × 141) . . . . *Net.* **1 fr. 50**

La première édition de cette plaquette a été tirée sur format in-4° tellière (220 × 165), en deux couleurs, sous couverture de luxe, à 340 exemplaires numérotés :

10 exemplaires sur papier des Manufactures impériales du Japon, numérotés de I à X . . . . *Hors commerce.*

30 exemplaires sur papier grand vergé des Manufactures d'Arches, numérotés de XI à XL . . . . *Hors commerce.*

10 exemplaires sur papier des Manufactures impériales du Japon, numérotés de 1 à 10. . . . . *Net.* **20 fr.**

290 exemplaires sur papier impérial des Manufactures d'Arches, numérotés de 11 à 300 . . . . *Net.* **12 fr.**

Des Principes de la Guerre. *Conférences faites en 1900 à l'École supérieure de Guerre.* 7e édition. 1921. Avec la nouvelle préface de l'auteur, du 1er septembre 1918. Volume grand in-8, avec 25 croquis, dont 11 hors texte . . . . *Net.* **22 fr. 50**

De la Conduite de la Guerre. La Manœuvre pour la Bataille. Avec la nouvelle préface de l'auteur, du 1er septembre 1918. 6e édition. 1921. Volume grand in-8, avec 13 cartes et croquis . . . . . *Net.* **22 fr. 50**

(Berger-Levrault, Éditeurs)

MARÉCHAL FOCH

LA
BATAILLE DE LAON

MARS 1814

AVEC UNE CARTE HORS TEXTE

PARIS
BERGER-LEVRAULT, ÉDITEURS
5, RUE DES BEAUX-ARTS (VIe)
1921

NOTE DES ÉDITEURS

Cette remarquable étude est le sujet d'une conférence faite, en 1901, aux officiers du 29e régiment d'artillerie, à Laon, par le lieutenant-colonel Foch. Celui-ci, quittant sa chaire de professeur à l'École supérieure de guerre, venait d'être nommé à ce régiment.

Les causes militaires et morales de la chute de l'Empereur, « défaite du Génie par le Droit révolté », n'ont jamais été plus magistralement exposées.

LA

BATAILLE DE LAON

MARS 1814

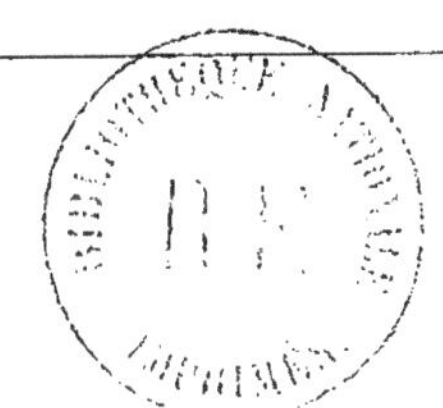

Quand nous envisageons une action de guerre, la bataille de Laon par exemple, nous avons l'habitude d'y voir une rencontre comparable à celle de deux duellistes sur un terrain donné : mêmes moyens de part et d'autre, deux bras, deux jambes, une épée d'une certaine longueur; deux adversaires également dispos. Le coup heureux qui termine le duel est bien alors dû à l'habileté du vainqueur. C'est encore ainsi que nos grandes manœuvres nous montrent une affaire : brigade contre brigade, division contre division, etc., mêmes effectifs, même situation morale également bonne des deux côtés. D'une manœuvre entreprise à propos et bien exécutée sort le succès.

Cherche-t-on, dans une rapide étude historique, à expliquer l'issue d'une campagne, la victoire de l'un des partis, la défaite de l'autre? Volontiers on s'en tient aux causes matérielles : supériorité d'armement ou supériorité numérique. C'est le fusil à aiguille qui a donné le succès à Sadowa. Alors, pour avoir raison du vainqueur, il suffit d'avoir un fusil supérieur au fusil à aiguille; mais il faut en tirer tout le parti possible, lui faire produire tout le rendement dont il est capable, adopter la défensive qui s'y prête mieux que l'offensive; c'est 1870. « Par là, les Français ont bien ruiné l'esprit de leur armée; et la force extérieure, le développement réalisé n'ont pu remplacer la force morale perdue, la confiance ébranlée. C'est là principalement ce qui a fait pencher la balance. *Ce qui se fait dans une armée doit toujours avoir pour but d'accroître et de fortifier cette force morale.* » (Von der Goltz.)

Si l'on étudie, au contraire, la même action de guerre, la bataille de Laon, en détail, le livre de l'histoire en main, tout autres sont les causes déterminantes du résultat. Audessus des fusils et des canons, il y a la manière de s'en servir; il y a les hommes qui les emploient avec leurs aptitudes physiques, leur instruction professionnelle, avec leur état moral, dépression ou exaltation, leur fatigue ou leur entrain; il y a le corps d'officiers avec ses activités de toute sorte, son expérience, son autorité; il y a le commandement avec des dons qui vont du fluide impératif au génie; il y a les gouvernements avec les exigences de la politique dont la guerre n'est jamais que l'instrument; il y a les peuples avec leurs aspirations ou leurs revendications, leurs passions déchaînées.

Mais alors le problème de la bataille que nous limitions précédemment à la rencontre de deux champions identiques se complique de multiples données dont le militaire ne peut s'abstraire; la solution ne dépend plus seulement de considérations techniques, dextérité de manœuvre ou supériorité du nombre, mais aussi de causes morales nombreuses et profondes, fournissant l'entière explication de faits qui restent inexpliqués et inexplicables si l'on ne tient compte de ces causes.

La bataille de Laon va nettement l'établir à nos yeux.

On est aux premiers jours de mars 1814. L'Empereur a abandonné la poursuite de Schwartzenberg. Celui-ci, arrivé à Montereau, avec Blücher à Méry, s'est en effet retiré sur Troyes, Bar-sur-Aube, Chaumont, Langres, sans attendre le choc des Français. Certainement, réduit à ses propres forces, il repasserait la frontière, si Napoléon s'attachait à ses pas. Du même coup Blücher, abandonné à lui-même, serait tôt ou tard obligé d'en faire autant. Une ligne de conduite uniquement inspirée de considérations militaires consisterait donc à poursuivre sans trêve ni merci Schwartzenberg, chef de la principale armée ennemie. Là serait incontestablement le salut du pays. Mais il y a pour Napoléon à tenir compte des considérations politiques. A Paris, les partis s'agitent; l'Empire est fortement ébranlé. La France, épuisée de toute façon, réclame en premier lieu la paix. La nouvelle de la victoire de Craonne, le 7 mars, fait tomber le 5 °/₀ de 54 à 51 francs, occasionnant une baisse de 3 francs, tant sont grandes les craintes de voir le succès amener la continuation de la guerre. Joseph lui-même adresse à son frère, le 9 mars, une lettre admirable dans laquelle il le supplie d'accepter les conditions du Congrès de Châtillon. « ... Après avoir sauvé la France de l'anarchie et de l'Europe coalisée, lui dit-il, vous deviendrez le père du peuple et serez aussi adoré que Louis XII, après avoir été plus admiré que Henri IV et que Louis XIV; et pour accumuler tant de genres de gloire, il ne faut que vouloir votre bonheur et celui de la France. »

En présence de cette lassitude de la France entière, il faut couvrir la capitale incertaine. S'il n'y va pas du salut de la France, il y va du salut de l'Empire. Les monarques de l'Europe, au courant de la situation, savent en effet le souverain français incapable de survivre au général vaincu; ils ont mieux à faire, pour terminer la guerre, qu'à poursuivre un fantôme d'armée; il leur suffit d'aller à Paris, renverser un restant de gouvernement capable sans cela de réorganiser des armées, d'alimenter la lutte. Napoléon, pour couvrir sa capitale, va se jeter sur l'armée de Silésie. C'est ainsi que les fautes accumulées par l'homme d'État obligent le général à marcher contre les intérêts militaires les plus essentiels. Voilà déjà les impérieuses exigences de la politique.

MANŒUVRE POUR FRANCHIR L'AISNE

Quoi qu'il en soit, l'Empereur est arrivé le 4 mars à Fismes, comptant frapper dans le flanc droit l'armée de Silésie étroitement serrée d'ailleurs par l'Aisne, quand il apprend la capitulation de Soissons et la retraite de cette armée sur la rive droite de la rivière. Blücher en tient les ponts, il a bien l'intention d'en disputer le passage; forcer l'obstacle en présence d'un adversaire très supérieur, telle est donc la première difficulté à résoudre pour l'Empereur. Nous allons voir se développer son talent de combinaison.

Ce sont d'abord, dans la matinée du 5, des reconnaissances nombreuses poussées à l'Aisne, dès la première heure, par sa cavalerie. Elles constatent que la rivière est tenue de Venizel à Berry-au-Bac, c'est-à-dire sur une étendue de 45 kilomètres à vol d'oiseau; à Venizel, à Missy, à Vailly, et dans les localités avoisinantes, il y a d'importantes forces d'infanterie; plus à l'est, au contraire, à Berry-au Bac en particulier, un officier de dragons a constaté que le pont n'était tenu que par quelques régiments cosaques, un peu d'infanterie et deux canons. En même temps, les corps d'armée ont avancé à la rivière des détachements de sapeurs pour préparer des ponts de chevalets, notamment à Pontarcy et à Maizy. Quant aux troupes, elles ont uniquement serré sur leur tête de colonne. A 11 heures, l'Empereur a les renseignements de ses reconnaissances de cavalerie. Dès lors son parti est pris : c'est à Berry-au-Bac que l'on forcera le passage. Il y a là un pont en pierre intact. Parmi les points que l'armée peut atteindre dans la journée, il est le plus éloigné de la région de Vailly, Missy, Venizel, où l'on a reconnu l'infanterie de l'ennemi et où l'on doit supposer la masse de ses forces. Toute la cavalerie immédiatement disponible, lanciers polonais et 2e division de cavalerie de la Garde, sous Nansouty, va immédiatement se porter sur Berry-au-Bac pour enlever le pont. Elle sera immédiatement suivie par le corps d'armée. On a moins de 20 kilomètres à faire pour atteindre Berry-au-Bac. Si donc la cavalerie n'enlève pas la localité par surprise, l'infanterie et l'artillerie arriveront encore à temps pour la prendre de vive force avant la fin de la journée.

On sait quelle est la suite de l'entreprise : par un engagement des plus vifs, Nansouty culbute les vedettes cosaques établies sur la rive gauche de l'Aisne et, les poursuivant le sabre dans les reins, entre avec elles dans Berry-au-Bac, que l'ennemi ne peut défendre. Les régiments cosaques et l'infanterie russe s'enfuient sur Corbeny, abandonnant les deux pièces de canon et 200 prisonniers.

Dans la soirée, l'armée commence à passer l'Aisne; l'opération se poursuivait toute la nuit sans temps d'arrêt. Les premières troupes s'établissent en avant-garde vers Corbeny. Si donc Blücher, informé, dans la soirée du 5, du passage de l'Aisne, veut attaquer dans la matinée du 6, ce n'est pas un détachement de l'armée française qu'il rencontrera au nord de Berry-au-Bac, mais le gros de cette armée.

Dans cette manœuvre se révèlent bien tous les caractères de la surprise, combinaison de temps, d'espace et de moment; présentant dans la journée du 5 une supériorité numérique incontestable pour enlever le passage; dans la matinée, grâce à l'utilisation de la nuit, la presque totalité des forces, par suite la meilleure situation pour combattre si l'on est attaqué. L'État-major prussien ne nous montrera rien d'analogue, qu'il s'agisse de franchir les montagnes de la Bohême en 1866, ou la Moselle en 1870. Dans un cas comme dans l'autre, les premières troupes restent exposées pendant des journées entières aux coups d'un adversaire supérieur, le 16 août notamment. Leur tactique seule sauve une stratégie nettement en faillite.

En présence des solides résultats de la manœuvre napoléonienne, Blücher forme en vain le projet d'attaquer, le 6, les Français dans leur flanc gauche, à leur débouché de Berry-au-Bac. Il les trouve soigneusement gardés; l'abbaye de Vauclerc en particulier est occupée; sa tentative est impossible à réaliser; il ne lui reste plus qu'à les devancer à Laon, pour ne pas être coupé de ses communications; à couvrir sa concentration en cette ville par l'occupation maintenue du plateau de Craonne. De cette nécessité résulte la bataille de Craonne (7 mars). Chaque parti s'y attribue la victoire, non sans raison : les Français pour avoir rejeté jusqu'à la route de Soissons le corps russe de Sacken; les Russes pour avoir garanti la réunion des forces alliées à Laon.

MARCHE SUR LAON — SURPRISE D'ÉTOUVELLES

Napoléon passe la nuit du 7 au 8 à Braye. Comment va-t-il interpréter la situation que lui laisse le succès du 7? Il est incontestable, pense-t-il, que la ligne de l'Aisne a été abandonnée sans une défense sérieuse. La résistance à Craonne a été des plus tenaces; néanmoins on n'y a eu affaire qu'à une partie de l'armée alliée. Mais alors le restant de cette armée manœuvre, conclut-il, continuant sa retraite vers le nord par Avesnes, ou se porte vers Paris par La Fère et la rive droite de l'Oise. Dans un cas comme dans l'autre, il faut lui courir sus, pour mettre un terme à ses libres agissements; lui courir sus au plus vite, sans cela elle échappe. De là il conclut l'ordre de concentration de toutes ses forces à Laon par le chemin le plus court et le plus direct, savoir : les troupes qui ont combattu à Craonne, par la route de Soissons; celles qui sont encore sur l'Aisne vers Berry-au-Bac, par la route de Reims; par ce dispositif, d'ailleurs, la masse principale des forces sera bien sur la route de Soissons en état de couvrir Paris. Dans un cas comme dans l'autre, on ne trouvera à Laon qu'une arrière-garde, et malgré le décousu de la manœuvre entreprise, on se présentera suffisamment en forces pour y aborder l'adversaire. L'arrière-garde battue, Laon occupé, ce sont bien les communications de Blücher perdues et alors l'obligation pour lui de renoncer à marcher sur Paris. Napoléon ralliera à ce moment les garnisons des places du Nord-Est et se rabattra sur le flanc de la grande armée de Bohême.

On connaît la suite de son entreprise. Au lieu d'une simple arrière-garde, c'est toute l'armée alliée qu'il trouve réunie sous les murs de Laon; au lieu d'une poursuite hâtive, c'est une bataille de deux jours à livrer. Aussi, après l'événement, n'a-t-on pas manqué de lui adresser de sévères critiques pour avoir violé lui-même son principe : qu'on ne prend pas à la fois deux lignes d'opérations : ici la route de Reims, là la route de Soissons; qu'on doit réunir ses forces avant la bataille et non sur le terrain du combat à Laon. Pour nous, après avoir établi de quelles considérations logiques sortait la décision de l'Empereur, nous conclurons simplement à la faiblesse de la prévision humaine, même de la part d'un Napoléon, et nous en retiendrons pour les simples mortels l'obligation de rester aveuglément fidèles aux principes, hors le cas d'une certitude absolue, seule capable d'en justifier la violation.

Le 8 mars, de très grand matin, l'armée française reprend son mouvement sur Laon. La route de l'Ange-Gardien à Chavignon est libre, on la suit. A Chavignon, on rencontre les derniers escadrons de l'ennemi, on les rejette sur Urcel, où ils sont renforcés. Czernischeff, qui les commande, n'essaie pas d'y tenir; il se retire sur Étouvelles et Chivy, où la cavalerie de Colbert s'efforce de le suivre. Mais, au tournant de la route, près de Mailly, elle est reçue par une volée de mitraille partant d'Étouvelles. Elle ne peut tenir sur la chaussée; à droite et à gauche, les marais lui interdisent de manœuvrer; force lui est de se ranger des deux côtés de la route pour faire place à l'infanterie de Ney. On tente alors plusieurs attaques, toutes infructueuses, sur Étouvelles. A la fin de la journée, il faut se replier sur Urcel. A ce moment, la situation de l'armée de l'Empereur se présente comme il suit :

Ney.	Divisions Meunier et Curial Brigade P. Boyer	à Urcel.
Friant avec la division de Vieille Garde, à Chavignon.		
Victor.	Division Boyer de Rebewal Division Charpentier	autour de La Malmaison.
Mortier.	Division Christiani Division Porret de Morwan Cavalerie Roulnois	à Filain.

La cavalerie est en avant, à Mailly, Laval, Nouvion-le-Vineux, cherchant par Presles, Bruyères, Veslud, à donner la main à Marmont.

L'Empereur, après s'être successivement transporté à la ferme de Malval et à l'Ange-Gardien, est venu s'établir à Chavignon. Le total des forces qu'il a sous la main s'élève à 26.800 hommes.

De Braye, il a envoyé à Marmont un premier ordre de 10 heures du matin et un de 11 heures, lui prescrivant de prendre tous les commandements, toutes les troupes, 6e corps, 1er corps de cavalerie, et division Arrighi, 19.500 hommes environ, encore aux abords de Berry-au-Bac, et de se porter immédiatement dans la direction de Laon pour y arriver le lendemain 9 mars de bonne heure.

Quant à la principale colonne, celle de la route de Soissons, elle a une première difficulté à résoudre : elle doit forcer le défilé d'Étouvelles. En vain a-t-on essayé d'y arriver dans la journée du 8. Les marais qui entourent la localité ont interdit de la manœuvrer avec les forces importantes qu'on y a représentées. Une fois de plus, nous allons voir la fécondité de moyens de l'Empereur paraître pour conduire au succès. Les entreprises de nuit, marches et combats, sont particulièrement avantageuses, pense-t-il, quand on a le pays pour soi. « Il faut alors en tirer parti pour essayer d'enlever les postes ennemis, parce que nous pouvons avoir des intelligences avec les habitants qui peuvent nous apprendre combien d'hommes a l'ennemi et nous conduire sur ses derrières. » Ces entreprises sont encore particulièrement à tenter, aurait-il pu ajouter, quand on n'a pas le nombre, la supériorité numérique pour soi, et qu'il faut éviter les pertes. On attaquera de nuit le défilé d'Étouvelles. Mais un simple coup droit, une attaque purement directe menée dans ces conditions peut ne pas suffire; on le complétera par une manœuvre de flanc.

Victor, grièvement blessé à Craonne, a été remplacé à la tête de son corps d'armée par le général Charpentier. Celui-ci est originaire de Soissons ; il a fait ses études au collège de Laon ; sous la Révolution, il a été élu capitaine de la Compagnie des Volontaires de Vailly. Il connaît le pays sur lequel on opère. Il indique à l'Empereur un chemin détourné, qui de Chavignon, par les prairies de l'Ailette, le pont d'Ailes, Chaillevois, Chailvet, puis à travers les bois, débouche directement à l'ouest de Chivy, au milieu de la localité. Czernischeff ayant les Français au sud, sur la grande route, n'aura pas vraisemblablement pensé à l'occuper fortement. Par là on peut arriver sans arrêt sur son flanc, tourner l'obstacle d'Étouvelles, obliger l'ennemi à l'évacuer.

Napoléon adopte ce projet ; Gourgaud, alors chef d'escadron, officier d'ordonnance de l'Empereur, partira à 9 heures du soir, par la direction indiquée, avec deux bataillons et deux escadrons de chasseurs de la Vieille Garde.

Boyer de Rebewal, avec 400 hommes choisis dans toute sa division, attaquera le défilé à 1 heure du matin, au moment où l'on suppose que Gourgaud sera arrivé à Chivy, ce qu'il fera connaître par des signaux. Les 400 hommes seront accompagnés de sapeurs qui auront à rétablir les ponts de la route, s'ils sont rompus.

Si les attaques de Boyer de Rebewal et de Gourgaud réussissent, toute l'infanterie de Ney (brigade P. Boyer et division Meunier) s'élancera vivement par Étouvelles sur Chivy ; puis, une fois sortie de Chivy, elle se rangera à gauche de la grande route et laissera passer toute la cavalerie, qu'on réunira sous les ordres de Belliard, pour aller immédiatement tenter une surprise sur Laon. Comme Belliard hésite devant les difficultés et les résultats de la tentative, Napoléon lui expose toutes les chances d'une attaque sur les Chenizelles, où les ennemis ne doivent pas s'attendre à être attaqués, couverts qu'ils sont par l'abbaye Saint-Vincent. En cas d'insuccès d'ailleurs, Belliard se retirera non sur Chivy, mais sur Clacy et ensuite sur Chaillevois.

Pour l'attaque de nuit d'ailleurs, Boyer de Rebewal devra fractionner ses 400 hommes d'élite en petits groupes conduits chacun par un paysan; défense absolue de faire feu; on n'usera que de la baïonnette; une forte récompense est promise aux hommes qui pénétreront les premiers, sans bruit, dans la localité.

Les divisions de Ney n'amèneront chacune que deux pièces de canon; le reste de leur artillerie passera le défilé après toute la cavalerie et quand on sera bien certain de la retraite des Russes sur Laon.

Telles sont les prescriptions que Napoléon, dans sa prévoyance et sa puissance de combinaison, développe lui-même devant les généraux réunis à Chavignon. Les exécutants allaient se montrer de la même valeur.

La nuit du 8 au 9 mars fut extrêmement noire et brumeuse. La neige ne cessa de tomber qu'à 6 heures du matin. Là sans doute faut-il chercher la cause des retards, peut-être même des erreurs de Gourgaud. Toujours est-il qu'à l'heure prévue il n'arrivait pas devant Chivy. En vain attendait-on les signaux destinés à annoncer son approche. Ney impatienté, et craignant de voir venir le jour avant la fin de l'opération, lançait bientôt Boyer de Rebewal avec son détachement d'élite à l'attaque.

Pour ne pas donner l'éveil à l'ennemi, ce détachement s'engage dans des sentiers qui partent des abords de Laval, tourne Étouvelles en le laissant à gauche, aborde Chivy dans le plus parfait silence, et l'attaque à la baïonnette avec la plus grande énergie. En même temps une batterie placée en avant du parc de Mailly tonne contre Étouvelles, faisant évidemment plus de bruit que de mal; par la menace d'une attaque, elle appelle en tout cas l'attention des défenseurs, dans la direction de Mailly, lorsque brusquement ils sont pris à revers par une partie du détachement de Boyer de Rebewal. Les grand'gardes russes d'Étouvelles sont facilement enlevées; les divisions Boyer et Meunier du corps Ney franchissent alors la localité et viennent livrer un violent combat à Chivy, où le faible détachement Boyer de Rebewal finirait par succomber sous le flot des défenseurs, trois régiments russes. Les ponts, les barricades sont forcés. L'infanterie dégage la route. Il est environ 5h 30 du matin. La cavalerie de Belliard débouche aussitôt de Chivy, précédée de Gourgaud, qui est enfin arrivé.

Les premiers escadrons de dragons poursuivent l'ennemi vers Laon, chargent sur la route au milieu des fuyards; on entre pêle-mêle dans Semilly, que défend Clausewitz; on espère de la sorte monter jusqu'à Laon; mais les batteries établies à mi-côte saluent les dragons d'une volée de mitraille; ils tournent bride. L'obscurité empêche de les suivre.

Belliard, tout en s'avançant, avait poussé des partis en reconnaissance vers Clacy, qu'on trouve solidement tenu, et vers Lœuilly, qu'il occupe; Laon était à l'abri d'un hurrah.

PREMIÈRE JOURNÉE DE LAON

(9 MARS)

A 7 heures du matin, Ney quittait sa position du chemin de Chivy à Mons et marchait sur Laon. En même temps, Mortier lançait la division Porret de Morwan par Lœuilly, à l'attaque d'Ardon. Un brouillard intense régnait sur la plaine.

Au corps Ney, c'est la brigade Pierre Boyer qui doit aborder Semilly. Elle forme deux colonnes d'attaque de

700 hommes chacune; celle de gauche longe le côté droit de la route, l'autre se présente plus à droite encore.

La première est arrêtée par un feu à bout portant; elle est repoussée.

La seconde, celle de droite, entre et enlève Semilly, Clausewitz rejeté rejoint un renfort de deux compagnies du 5e régiment de réserve, envoyées par le général de Thummeu; il reprend Semilly, mais ne peut chasser les Français des Jardins. Pendant longtemps on se fusillera de part et d'autre, sans que les Français puissent rester maîtres de Semilly, qu'ils reprennent et reperdent. Il y arrive constamment des renforts de la montagne.

A Ardon, Porret de Morwan enlève le village, pousse en avant grâce au brouillard; on vient se fusiller devant les murs de Saint-Vincent; une compagnie de la Garde en particulier, suivant les sentiers de Bousson, se présente à la grille du jardin de Saint-Vincent. Mais là, sans soutien, n'ayant plus l'abri du brouillard, elle est bientôt mise en retraite.

Pendant ce temps Napoléon est à Chavignon. Il y restera jusqu'à midi. Il en est toujours à l'idée qu'à Laon il n'y a qu'une arrière-garde ennemie; qu'on doit en avoir facilement raison, bientôt même on croit qu'on y est entré. Preuves : la lettre de Berthier à Marmont, de Chavignon, 7 heures matin : « L'Empereur a fait cette nuit culbuter l'ennemi à Chivy. Nous croyons que dans ce moment notre avant-garde est à Laon. Si, d'après la situation des choses sur la route que vous tenez et d'après les renseignements que vous vous serez procurés, vous ne jugez pas vos forces utiles sur Laon, l'Empereur désire que vous vous arrêtiez à l'endroit où vous recevrez cette lettre, l'intention de Sa Majesté étant de vous envoyer l'ordre de vous porter rapidement sur Reims, du moment qu'elle sera assurée que nous sommes entrés à Laon... »

On se croit donc à Laon. Il n'y a dans l'esprit de l'Empereur aucune idée de bataille, encore moins la pensée d'attaquer avec ses 35.000 hommes l'armée ennemie réunie, renforcée, s'élevant à 90.000 hommes.

Berthier écrivait encore à Marmont, de Chavignon, 11 heures ou midi : « Je vous ai écrit ce matin pour vous faire connaître qu'il était à présumer que notre avant-garde était en possession de Laon, qu'en conséquence vous pouviez arrêter votre mouvement. Mais on s'y bat encore. Vous devez donc continuer à marcher sur cette ville... » En réalité, on est arrêté aux pieds de Laon.

Napoléon ne connaît qu'à midi la résistance rencontrée à Laon. Les maréchaux n'ont pu que fort tard, à cause du brouillard, reconnaître l'armée ennemie rangée en bataille, fort tard en informer l'Empereur. Mais, quand les renseignements lui parviennent, il ne peut les mettre immédiatement à profit, à cause de son éloignement des troupes ; et quand il a rejoint les corps d'armée, ceux-ci sont déjà engagés dans une aventure dont il n'est pas maître de restreindre la portée. Les effets de l'âge se font sentir ici sur sa puissante nature. Le général Bonaparte de 1796, ou le jeune souverain de 1806 ne serait pas resté toute la matinée à Chavignon. Il eût, aux premières heures de la journée, galopé à son avant-garde, le corps Ney, pour utiliser le plus tôt possible les fugitifs rayons de lumière qui, par intervalles, à la guerre, éclairent la situation brumeuse par nature; pour mener ses troupes, selon son habitude, d'une façon certaine et rapide suivant les découvertes ainsi faites en cours de route.

Mais, avant de le suivre sur le champ de bataille, que se passe-t-il à Laon? Les impressions de la ville nous ont été conservées par le *Journal de l'Aisne* de l'époque. On l'a baptisé le *Moniteur des Alliés.* Il reçoit en tout cas son autorisation d'imprimer d'administrateurs aux noms peu français : Jacobi, Zielinski, Steltzer.

C'est d'abord la stupéfaction de voir le 8, de toutes parts, affluer les Russes de Wintzingerode passés trois semaines plus tôt, les Prussiens de Bülow passés depuis huit jours, l'armée de Blücher qui n'avait pas encore paru dans le pays. La ville et les routes sont noires d'alliés; combien sont-ils? Cent mille peut-être. Puis, des proclamations sévères interdisent aux habitants de sortir de chez eux; défense leur est faite, sous peine de mort, de paraître sur le rempart. Les soldats étrangers parlent de « Napouléoun »; les officiers sont inquiets; c'est un Leipzig qu'ils redoutent. Blücher est à la préfecture. Il paraît apprécier toute la force de sa situation. Sans commettre les fautes de février, il a pu échapper à l'Empereur; le détourner de Schwartzenberg qui marche sur Paris. En l'arrêtant un jour à Craonne, il est parvenu à concentrer toutes ses forces; il dispose d'une magnifique position. Il entend livrer bataille, il ne doute pas de sa supériorité numérique; mais encore, en présence d'un adversaire comme l'Empereur, faut-il savoir l'employer.

La position est le piton connu, entouré d'une enceinte en mauvais état déjà; les flancs de la montagne sont escarpés, coupés de murs en gradins, de haies, de vignes; ils sont gardés par les avancées naturelles de Vaux, Ardon, Lœuilly, Semilly, La Neuville, Saint-Marcel.

On va le hérisser de canons; on l'occupera solidement avec de l'infanterie, la défense comprend :

Artillerie

Tirant vers Semilly.

6 pièces de position russes, à la sortie de la ville, à droite de

la route de Soissons, au pied du cavalier de Madame-Ève, au-dessous de la Tour Penchée de la Porte de Soissons;

6 pièces, à gauche de la grand'route, sur un mamelon de sable, à 400 mètres nord-ouest de Semilly;

10 pièces, battant l'entrée de Semilly; à l'entrée et au-dessous des Creuttes, 2 demi-batteries sur des éminences en avant des Blancs-Monts, flanquant Semilly et battant l'intervalle Semilly—Clacy.

Tirant vers Ardon.

4 pièces de 12 et 2 obusiers sous le moulin Morlot, à la naissance des murs de l'abbaye Saint-Vincent;

1 batterie, sous la préfecture, à la bifurcation des chemins de Laon sur Ardon et sur Le Bousson.

Tirant vers la route de Reims.

6 pièces russes, en avant du bois du Sauvoir;

En réserve, à Saint-Marcel, 1 batterie russe et une demi-batterie prussienne.

Toute cette artillerie est sous les ordres du général Holtzendorf.

INFANTERIE :

Dans la ville . . . 2 bataillons.	1 des grenadiers de la Prusse Orientale ; 1 du régiment de la Nouvelle-Marche.
De la porte de Soissons, aux casernes, sur la promenade . . .	2 bataillons du régiment de la Nouvelle-Marche.
A St-Vincent, 3 bataillons du Régiment de la Prusse Orientale .	1 dans les Jardins; 1 à la pointe Morlot; 1 en réserve au Calvaire (entrée de l'Arsenal).
A la Butte Classon et dans l'ancienne enceinte du Château Herbert	2 bataillons du 5e régiment de réserve.

Sur tous les flancs de la montagne, les chasseurs de la Prusse Orientale en tirailleurs.

A Semilly, sous Clausewitz . . .	1 bataillon du 4e régiment de Prusse Orientale; 1 bataillon 1/2 du 4e régiment de réserve; 1 bataillon du même régiment de réserve dans un chemin creux, près de la route de Soissons.
Au moulin Morlot	1 bataillon du même régimt.
Dans les sablières au pied de la route de Soissons	2 bataillons du 4e régiment de Prusse Orientale.
Dans la rampe d'Ardon, 1 bataillon du régiment de Colbert, détachant.	2 compagnies dans les vignes de la Couloire; 2 compagnies en soutien de la batterie du Sauvoir.
Ardon n'avait pas de garnison, mais était protégé en arrière par	2 bataillons du 9e régiment de réserve. 1 bataillon du régiment de la Nouvelle-Marche; 2 régiments de cavalerie de Poméranie.

Entre Ardon et Vaux : 1 bataillon du 9e régiment de réserve.

En réserve dans l'angle des routes de Marle et de Reims.	1 bataillon du régiment de Colbert; 2 batteries légères; La cavalerie du IIIe corps.

Le total du IIIe corps aux ordres de Bülow était de 16.900 hommes.

Aile droite : Wintzingerode a son infanterie sur deux lignes entre la ferme de Thierret et les bois du Blanc-Mont, face à Clacy : en avant de cette infanterie, deux batteries; son flanc gauche est couvert par les douze pièces placées sur les monticules à 400 mètres nord-ouest de Semilly, tirant vers Clacy et Semilly; sa droite sera protégée par Czernischeff, qui établira sa cavalerie entre la ferme de Thierret et Molinchart, avec douze pièces en avant.

Le gros de la cavalerie russe est à la ferme d'Avin.

Total : 25.000 hommes avec soixante-douze bouches à feu.

Aile gauche : Elle est formée par le IIe corps prussien sous Kleist et le Ier corps sous York, donnant un effectif total de 24.000 hommes, sur deux lignes :

La première ligne, sous York, comprend, en partant de la ferme des Manoises : trois régiments de hussards, au nord du ruisseau de Chambry ;

La division Prince Guillaume (ayant deux bataillons dans Athies) ; couverte par l'artillerie du Ier corps allant des Manoises, par Le Chauffour, à la grand'route et couverte elle-même par les hussards de Silésie adossés à la grand'-route ;

La division Pirch tenant la route de Reims, avec trois bataillons dans le bois du Sauvoir et une brigade en réserve.

La deuxième ligne, IIe corps, sous Kleist, a sa gauche couverte par une partie de la cavalerie de réserve avec vingt-quatre canons ; elle a en arrière de la route de Marle, en réserve, deux régiments de cavalerie ; la cavalerie et l'artillerie de réserve, les batteries légères.

Réserve générale : Elle comprend le corps russe de Sacken, 13.000 hommes à cheval sur la route de La Fère, derrière La Neuville, et celui de Langeron, 25.000 hommes, derrière cette route, à droite et à gauche du faubourg Saint-Marcel (1).

Il y a bien, dans l'ensemble de ces dispositions, l'idée de livrer bataille avec toutes ses forces. Quand on mesure l'importance de ces forces alliées à la faiblesse des corps français de Ney abandonné à lui seul une partie de la matinée sur la route de Soissons, de Marmont réduit à son seul corps de 9.500 hommes après midi, à Athies, on se demande

(1) D'après le *Recueil des plans des batailles livrées par les Prussiens en 1813, 1814, 1815.*

comment les maigres colonnes françaises ont évité d'être broyées par les masses ennemies, d'être en particulier décimées par les sabres de la cavalerie prussienne de la route de Marle, ou de la cavalerie russe de Molinchart.

Quoi qu'il en soit, vers 11 heures, le brouillard s'est dissipé. Blücher se trouve en avant de Madame-Ève (près de la Tour Penchée); toutes les troupes sont à leur poste; l'ordre porte qu'on prendra vigoureusement l'offensive, mais seulement quand Napoléon aura dessiné son attaque. Or on n'a devant soi qu'une poignée d'hommes. Cela ne peut être l'armée française. L'attaque de Semilly et d'Ardon ne peut être qu'une démonstration. Le moment n'est donc pas encore venu de prendre l'offensive. D'ailleurs, on a capturé un espion, le Hanovrien Palm; il dit que Napoléon arrive par la route de Reims avec 90.000 hommes. On connaît le talent de l'Empereur à frapper de son talon le sol pour en faire sortir des légions : pourquoi les paroles de Palm ne seraient-elles pas la vérité? A midi, on a reçu encore du colonel Blücher, en détachement à Festieux, l'annonce de la marche d'une forte colonne. L'espion a donc raison. On n'a pas encore sur les bras l'armée de l'Empereur; on ne peut attaquer.

Mais pour tâcher d'y voir clair, pour savoir si les troupes françaises de Semilly couvrent un mouvement de leur armée plus à droite, ou constituent la véritable attaque, on va les manœuvrer.

Ordre est donné à Wintzingerode de porter sur le flanc gauche des Français toute sa cavalerie, son artillerie légère, une division d'infanterie. Les Français perdent Semilly; une colonne ennemie tente d'en déboucher; Ney la fait charger, l'arrête. Napoléon arrive à ce moment.

Blücher a été fixé par cet engagement. Le corps français engagé autour de Semilly veut garder sa position dans le triangle du ru d'Ardon et de la Buse; puis attaquer l'éperon sud de Laon. Mais alors, on peut isoler cette attaque de celle qui se prépare sur la route de Reims; il suffit pour cela de reprendre Ardon : ordre est donné à Bülow de s'emparer de la localité.

Mais, au moment même où l'exécution commence, ordre de surseoir. Est-il admissible en effet qu'un Napoléon tente deux attaques si éloignées l'une de l'autre? Ne faut-il pas plutôt s'attendre à voir paraître une troisième colonne par la route de Bruyères? On n'attaquera pas.

Pendant ce temps, Marmont est arrivé, mais arrivé fort tard. Malgré les ordres qu'il a reçus le 8 mars, il a seulement dans la matinée du 9 quitté Berry-au-Bac. La situation de son corps d'armée n'est rien moins que brillante. En atteignant Berry-au-Bac dans la soirée du 7, après avoir détaché sur Braisne et Fismes, selon les instructions reçues, il n'avait plus que 1.500 hommes. Son artillerie comptait : 10 pièces approvisionnées, 9 sans munitions, 2 démontées, 7 à Craonne, avec la cavalerie Bordesoulle.

Arrighi lui a amené 4.000 jeunes soldats et une artillerie servie par des matelots qui n'ont jamais fait la guerre de campagne.

Parti dans la matinée du 9 de Berry-au-Bac, il atteint vers 10 heures Festieux, qu'évacue la cavalerie du colonel Blücher. Il se trouve alors enveloppé d'un épais brouillard; il n'ose s'aventurer dans la plaine, en présence d'escadrons qu'on lui dit nombreux et à proximité de la grand'route. A midi seulement, il reprend son mouvement, le brouillard s'est levé. Refoulant alors l'avant-garde du colonel Blücher, puis la brigade Kastler venue en soutien, il s'avance jusqu'à 1.200 mètres environ du front ennemi, face à Vaux et à Athies.

L'état moral du maréchal ne vaut pas mieux que la situation matérielle de son corps d'armée. Depuis plusieurs jours, depuis la capitulation de Soissons en particulier, il ne croit plus à la victoire. Sa correspondance au ministre est empreinte d'inquiétudes et d'angoisses.

Comme pour encourager Marmont à s'engager, les Prussiens s'établissent sur une première ligne, au pied de la Butte aux Vignes, la ferme de la Mouillée; Marmont, pour les aborder, se forme avec la cavalerie Bordesoulle à droite, son infanterie au centre, entre la voie romaine et la route de Reims, son artillerie sur ces deux communications. Les Prussiens ne tiennent pas et se retirent dans Athies. Marmont établit deux batteries : l'une sur la Butte aux Vignes, de vingt-quatre pièces, battant Athies; l'autre sur un tertre à gauche de la Butte aux Vignes, d'une quinzaine de pièces, contrebattant l'artillerie ennemie du Moulin de Chauffour. Bientôt l'infanterie d'Arrighi aborde Athies; elle y entre sans difficulté; les deux bataillons prussiens qui en formaient la garnison l'ont abandonné après en avoir soigneusement préparé et allumé l'incendie. Cent quarante maisons brûlent sur les cent quarante-quatre que comporte la localité.

L'infanterie française tente bien alors, en tournant le village, de poursuivre les Prussiens en retraite; elle doit s'arrêter devant le feu de la batterie du Chauffour et les masses profondes de l'ennemi; il est entre 5 et 6 heures; la nuit est venue. On bivouaque sur place.

Toute la journée, le vent avait soufflé de l'ouest, aussi cet engagement de Marmont échappait à Blücher et à Napoléon. Celui-ci, à l'embranchement de la route de Chivy à Laon et du chemin de Chivy à Lœuilly, attendait pour attaquer à fond l'entrée en action de Marmont. Il n'avait reçu aucune communication du maréchal, et les nombreux cavaliers qu'il avait envoyés aux nouvelles avaient disparu sans rien faire savoir, pris sans doute par la cavalerie cosaque répandue entre Ardon et Bruyères. Pour détourner cependant l'attention de Blücher de l'arrivée de Marmont, pour dissimuler sa faiblesse, maintenir l'attitude offensive, conserver aussi la direction des événements, garder l'ascendant moral sans lequel le désastre est proche, Napoléon attaquera.

De là résulte une nouvelle offensive de Pierre Boyer contre Semilly, qu'il reprend encore à Clausewitz. Les dragons de Roussel chargent les masses ennemies qui tiennent les abords de la localité et favorisent les progrès de l'infanterie. Les Russes surpris perdent le village. Ney, encouragé, veut pousser l'ennemi sur La Neuville. Il est bientôt arrêté par les salves de front et de flanc des batteries russes.

Bientôt également, nous perdons Semilly et Ardon. Il était 5 heures, la nuit venait.

On bivouaque sur place, sauf la division Friant, qui recule cantonner entre Chivy et Chavignon avec l'Empereur.

Du côté d'Athies le feu cessait également. Marmont avait vu devant lui les masses prussiennes d'York et de Kleist; en arrière venaient serrer les Russes de Sacken et de Langeron; la cavalerie de Ziethen avait appuyé vers la forêt de Samoussy pour arrêter tout mouvement débordant de la cavalerie Bordesoulle. Il allait avoir sur les bras plus d'ennemis qu'il n'en pouvait abattre. Il s'arrêtait sur place; et, sans plus de précautions, sans plus de résultats acquis, il faisait bivouaquer ses troupes à quelques centaines de mètres d'un adversaire formidable, absolument intact et invaincu : l'infanterie et l'artillerie entre Athies (deux bataillons), la Butte aux Vignes, la route de Reims; la cavalerie en arrière et à droite, près de la ferme de la Mouillée. Marmont rentrait au château des Eppes, convaincu « que l'attaque de Napoléon n'était que du bruit sans résultat ».

La négligence est ici manifeste et indiscutable. De la part d'un homme comme Marmont elle ne peut s'expliquer que par la fatigue morale, l'usure presque complète des facultés, conséquence inévitable des malheurs des temps. La nature humaine avait atteint en lui sa limite de résistance. Dans l'armée française d'ailleurs, à l'exception de la robuste foi du soldat en la prodigieuse fortune de son Empereur, et de la passion effrénée de celui-ci pour ce terrible jeu de la guerre, tous les ressorts étaient brisés, pour avoir été trop tendus ; les faiblesses, les défaillances menaçaient de toutes parts ; avec elles, les désastres.

En tout cas, la négligence de Marmont appelle bientôt le châtiment, réponse de l'adversaire. L'heure avancée de la journée enlève aux Alliés toute crainte de l'arrivée d'une troisième colonne. York s'entend avec Ziethen et Kleist pour attaquer avec ensemble. Il envoie demander à Blücher la permission de marcher ; Müffling, quartier-maître général de l'armée de Silésie, retourne également à Laon dire à Blücher qu'on peut prendre le corps Marmont « au filet ». Mais déjà Blücher, en faisant avancer Langeron et Sacken, a expédié à York l'ordre de marcher à l'ennemi.

L'attaque est ainsi dans l'idée de tous ; elle se prépare sans presse ; il y a intérêt à attendre la nuit complète. Quatre colonnes se forment alors suivant des directions faciles à pratiquer. C'est la division du Prince Guillaume qui se jette à la baïonnette sur Athies ; elle surprend nos troupes dispersées à la recherche de vivres. C'est à sa droite, la colonne Kleist, marchant entre Athies et la grand'-route, venant surprendre nos bivouacs de la Butte aux Vignes. C'est plus au sud, sur la grand'route de Reims, la colonne Horn, arrivant sans coup férir sur nos pièces abandonnées en position, à la prolonge même, impossible à remettre sur leurs avant-trains. C'est tout à fait à la gauche, au nord d'Athies, la cavalerie de Ziethen attaquant du ruisseau de Chambry, vers la Mouillée, où bivouaquent les escadrons de Bordesoulle. En vain, Marmont accourt des Eppes, le désastre est complet. Il est entre 6 et 7 heures du soir. Par bonheur, à ce moment, arrive un secours inattendu. Le colonel Fabvier, détaché vers 6 heures avec deux bataillons et deux canons pour chercher la liaison de la colonne de l'Empereur, entend le bruit d'un hurrah; il revient sur ses pas et sans plus hésiter contre-attaque résolument la droite de Kleist qui déborde la route de Reims; il s'empare de la chaussée et permet ainsi à la déroute de se transformer en retraite. Le lendemain, Marmont se retrouvait à Berry-au-Bac, ayant perdu 700 tués ou blessés, 2.500 prisonniers, 45 canons et 120 caissons.

DEUXIÈME JOURNÉE DE LAON

(10 MARS)

Napoléon, à Chavignon, ignore toute la nuit l'événement. Il ordonne pour le lendemain : à Mortier, de maintenir l'ennemi sur le front d'Ardon; à Ney et Charpentier suivis de la Garde, de déboucher par Clacy et de rejeter l'ennemi sur La Neuville; à Marmont, de menacer la route d'Avesnes.

Le 10 mars au matin, il apprend le désastre au moment de monter à cheval; il maintient ses ordres. Ne faut-il pas attaquer encore pour dégager Marmont, pour masquer la faiblesse dans laquelle on se trouve? Dans la soirée, on attaquera encore pour pouvoir se retirer sans être inquiété. D'ailleurs l'ennemi n'évacue-t-il pas Laon? Comme on le voit, l'échec de Marmont n'a pas atteint l'opiniâtre volonté de l'Empereur; on attaquera.

Du côté des Alliés, Blücher, déjà souffrant le 9 au

matin, se couchait décidément malade après une journée passée au grand vent de la montagne de Laon. Dans son lit il apprenait à 8 heures, à 9 heures et enfin à 10 heures le succès, puis les résultats complets de l'entreprise d'Athies. Il donnait en conséquence ses ordres à Gneisenau et Müffling pour le lendemain :

York et Kleist marcheront par la route de Reims, sur Marmont;

Langeron et Sacken, par Bruyères, sur l'Ange-Gardien, pour couper Napoléon;

Bülow et Wintzingerode l'attaqueront de front.

Dans la matinée du 10, ces ordres sont en cours d'exécution; on est à Festieux (York), à Bruyères (Langeron), mais Blücher, pris d'une fièvre violente, affaibli de corps et d'esprit, passe le commandement à Gneisenau. Celui-ci n'accepte qu'avec peine la responsabilité de la charge. Puis, aux premières nouvelles, voyant toujours en place les grand'gardes françaises autour de Clacy, Semilly, etc., il décide de modifier les dispositions arrêtées la veille. Avec un adversaire comme Napoléon, ne faut-il pas toujours appréhender quelque surprise extraordinaire?

Bülow, Wintzingerode suffiront-ils à lui tenir tête s'il attaque? Et alors, il ordonne aux quatre corps lancés sur Festieux et Bruyères de s'arrêter dans leur marche et de revenir à Laon.

Puis vers 10 heures il passe à l'offensive. Wintzingerode à La Neuville reçoit l'ordre d'attaquer Clacy. Son infanterie, dont la masse suit la chaussée de Thierret, est indiscutablement arrêtée par un bataillon de Charpentier occupant la localité et par les batteries que Ney a établies à la Paillasse. Cinq attaques sont tentées en vain de midi à 2 heures. Gneisenau, voyant l'impuissance des Russes, décide de les renforcer par des troupes prussiennes qu'il fait descendre de

Laon. Napoléon voit dans ces mouvements le signal de l'abandon de la ville. Pour le hâter, il ordonne à Mortier d'attaquer de nouveau sur Ardon, à Ney sur Semilly, à Charpentier de déboucher de Clacy sur La Neuville, pendant que Drouot et Belliard cherchent la droite de l'ennemi pour la tourner. Vains efforts; les tentatives des Français échouent partout; nulle part on ne fait de progrès; nulle part on ne trouve une action heureuse à entreprendre; on n'arrive pas à saisir la droite de l'ennemi. La décision s'éloigne; les forces diminuent à vue d'œil. Il faut bien songer à la retraite. Mais, pour tromper l'ennemi jusqu'à la nuit, le clouer sur place, lui interdire l'offensive par laquelle il eût bientôt enveloppé et enlevé la poignée de Français qui représentaient l'armée de l'Empereur, jusqu'à la nuit on le tiendra sous la menace d'une nouvelle attaque, jusqu'à la nuit les batteries continueront leur feu, l'infanterie fera de nouvelles tentatives. Une fois de plus, la meilleure manière de se défendre est d'attaquer.

La nuit venue, Charpentier se retirait par Mons, Anizy, Laffaux, vers Soissons; Mortier, la Garde, par Chivy. Ney occupait le champ de bataille; il y allumait de nombreux feux de bivouac et s'éloignait ensuite, faisant l'arrière-garde. L'armée française avait perdu 6.000 hommes à Laon, tués, blessés ou prisonniers; elle avait surtout perdu la bataille. L'ennemi ne poursuivait ni le 10 ni le 11. Le lion mortellement blessé, aucun de ses adversaires n'osait s'avancer pour l'achever, tant étaient redoutés les coups bien connus de son impériale griffe.

Quoi qu'il en soit, Napoléon est décidément vaincu. Non pour avoir montré un génie inférieur à lui-même, mais pour avoir manqué du nécessaire pour vaincre. Armes, hommes, généraux, confiance, tout lui a fait défaut. Les ressources du pays, il les a dépensées dans les gigantesques entreprises de son insatiable ambition.

Bien plus, il en a tari les sources en étouffant les activités et les élans de tout un peuple dans sa colossale, absolue et égoïste personnalité. En lui le conquérant a tué le souverain. Par le développement de ses facultés outrancières d'où sont sortis des chefs-d'œuvre dans l'art de la guerre, il s'est interdit de conserver et d'administrer, encore moins de préparer toute la puissance de l'État pour le jour où la fortune abandonnerait ses armes. Aussi peu de jours après la bataille de Laon, quand Sébastiani lui conseille de décréter la levée en masse qui a sauvé la France de 1793, c'est bien en toute vérité qu'il peut lui répondre : « Que me parlez-vous de levée en masse dans un pays où la Révolution a abattu les prêtres et les nobles et où moi-même j'ai abattu la Révolution ! » De même encore quand il s'écrie, contemplant sa ruine : « Un Louis XIV se tirerait de là. » Il ne reconnaît certainement pas au Roi-Soleil de talents militaires supérieurs aux siens, c'est donc bien d'un autre ordre de grandeurs qu'il voit sortir le salut du monarque. Mais, s'il a dans son absolutisme absorbé toutes les forces du pays et de l'État, son génie a entrepris de suppléer à tout. Va-t-il y suffire ?

En face, l'Europe entière s'est levée à la voix de ses patriotes; elle a couru aux armes, entraînant ses souverains à la défense de ses libertés; à la guerre elle a apporté ses plus ardentes passions; chefs et soldats ne sont que dévouement et énergie pour échapper finalement aux étreintes de l'Empereur, à la Marne, sur l'Aisne, à Soissons, ralentir sa marche à Craonne, se réunir à Laon, lui faire tête, l'arrêter, l'attaquer. York, Ziethen, Kleist, Müffling se sont donné le mot, puis la main, pour agir ensemble à Athies, frapper l'ennemi blessé. York désertera le lendemain de Laon pour avoir été rappelé de la poursuite. Le même sentiment les entraîne tous et, pour comble, Blücher les anime encore de sa haine aveugle et farouche. On a vu le résultat.

Mais alors Laon est bien la défaite du génie par le Droit révolté. La leçon sera là, même pour nous soldats. C'est la Justice reprenant, quoi qu'on fasse, son cours inévitable dans la pérennité des âges. C'est Valmy recommencé; 1792-1793 retournés contre nous. Oui enfin, après avoir montré à l'Europe les peuples se levant victorieusement pour sauver leur indépendance, c'est l'Europe que nous retrouvons victorieuse pour la même cause, avec les mêmes armes, du génie militaire le plus colossal de l'histoire, coupable d'avoir porté atteinte à ses droits. Décidément il n'y a d'opprimés que ceux qui veulent l'être.

Mais de quoi est donc faite cette force invincible des nations armées, des peuples à la guerre ? Comme nous l'avons vu, à la base, d'une cause indiscutablement juste, d'une cause sacrée. Puis, dans l'exécution, des énergies de tous, suscitées et soutenues par les mêmes communs sentiments et besoins de Justice ou de Liberté. Par cela notre voie n'est-elle pas tracée ? La cause juste n'est-elle pas ouverte depuis un tiers de siècle ? Mais alors, dans nos instructions journalières, par-dessus la monotonie de la vie de garnison, n'y a-t-il pas à voir et à préparer ces forces morales d'où sortent les grands résultats du champ de bataille ?

Près de la porte de Soissons aux pierres silencieuses, entendons la voix du vieux Blücher; elle nous dit comment, en montant la notion du Devoir et celle du commandement à la hauteur du patriotisme le plus pur et le plus intransigeant, des plus violents sentiments ou plutôt ressentiments, il décupla les capacités de son armée : activité, ardeur, dévouement, esprit de sacrifice; comment sans talent, par sa seule passion, il put entraîner les nations à la guerre, à la victoire, au renversement de l'oppresseur, fût-il le génie.

Nous n'avons pas tant à faire, nous n'avons pas tant à vaincre. Profitons de la leçon, consolidons, affirmons nos espérances. Que ce soient évidemment de notre part des baïonnettes, des fusils, des canons soigneusement préparés, entretenus, maniés; que ce soient surtout des bras vigoureusement formés; des cœurs, des âmes chaudement élevés. Avec nos soldats, vivons dans le souvenir; disons-leur le passé inoubliable et imprescriptible parce qu'il est le Droit; les hontes et les affronts subis par leurs pères; la patrie mutilée; l'héritage de devoir à transmettre intact de génération en génération, jusqu'à l'heure providentielle. Montrons-leur comment la mort frappe bientôt les armées sans objet, les nations sans idéal. « Tout ce qui se fait dans une armée doit avoir pour but d'accroître et de fortifier sa force morale. »

Puis avec de tels soldats, si c'est fol orgueil pour chacun de nous de prétendre seul à l'honneur de vaincre, n'est-ce pas crime pour nous tous, réunis, travaillant ensemble, de ne pas y aspirer, de ne pas vouloir de la victoire certaine ? York, Ziethen, Kleist, Müffling, devant Athies s'entendent pour courir sus à l'ennemi.

Un but clairement perçu, une commune pensée, une même sainte colère de tous, un suprême effort d'ensemble, là réside la toute-puissance du choc irrésistible à préparer par nous avec notre armée nationale pour « bouter l'ennemi hors de toute France ».

IMPRIMERIE BERGER-LEVRAULT, NANCY-PARIS-STRASBOURG

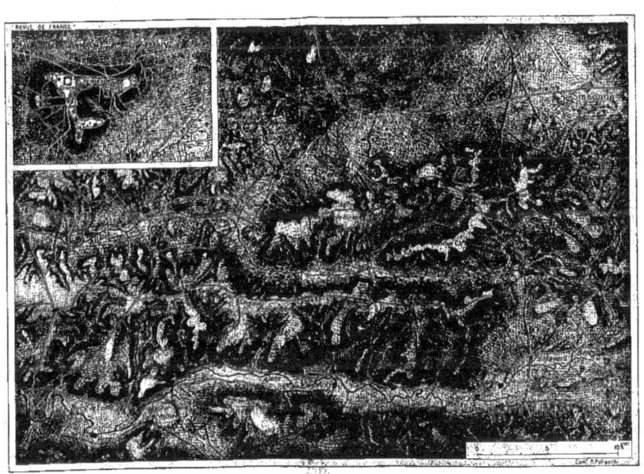

CARTE DE LA RÉGION DE LAON

www.ingramcontent.com/pod-product-compliance
Ingram Content Group UK Ltd.
Pitfield, Milton Keynes, MK11 3LW, UK
UKHW022152170726
13837UKWH00004B/1938